The Mysteries of the Lost Pastry: Short Stories for French Language Learners

Artici Bilingual Books

Published by Artici Bilingual Books, 2024.

THE MYSTERIES OF THE LOST PASTRY: SHORT STORIES FOR FRENCH LANGUAGE LEARNERS

First edition. February 24, 2024.

ISBN: 979-8224324217

Written by Artici Bilingual Books.

Table of Contents

Les Mystères de la Pâtisserie Perdue

Il était une fois, dans un petit village niché au cœur de la campagne française, une pâtisserie pittoresque nommée "Le Petit Délice". Dirigée par le charmant Monsieur Bernard, cette pâtisserie était célèbre pour ses délicieux macarons, ses croissants dorés et ses éclairs au chocolat qui faisaient fondre le cœur de quiconque les goûtait.

Un matin ensoleillé, alors que Monsieur Bernard préparait ses pâtisseries avec amour, il remarqua soudainement qu'un de ses chefs-d'œuvre avait mystérieusement disparu. C'était le légendaire gâteau aux amandes de grand-mère Margot, une recette transmise de génération en génération. Monsieur Bernard était consterné. Comment un gâteau si précieux avait-il pu disparaître sans laisser de trace ?

Déterminé à résoudre le mystère, Monsieur Bernard décida de mener l'enquête lui-même. Il commença par interroger ses fidèles clients, espérant glaner des indices. Madame Dupont, une habituée du magasin, se souvenait avoir vu un étranger suspect rôder autour de la pâtisserie la veille au soir. Un jeune couple romantique, Monsieur et Madame Leclerc, prétendait avoir entendu des bruits étranges provenant de l'arrière de la boutique tard dans la nuit.

Arborant son tablier de détective improvisé, Monsieur Bernard se lança dans une série de recherches, fouillant les recoins cachés de la pâtisserie et interrogeant les habitants du village. À chaque pas, il découvrait de nouveaux indices intrigants : une miette de pâte feuilletée près de la porte arrière, une odeur sucrée flottant dans l'air près du jardin voisin.

Pendant ce temps, dans une vieille maison à l'orée de la forêt, se trouvait un personnage énigmatique : Madame Marcelle, une ancienne pâtissière à la retraite. Solitaire et méfiante, elle vivait avec pour seule compagnie ses souvenirs de jours passés derrière les fourneaux. Mais ce jour-là, quelque chose avait changé. Un éclat de malice brillait dans ses yeux fatigués alors qu'elle observait un objet familier posé sur sa table : le gâteau aux amandes de grand-mère Margot.

Pendant des années, Madame Marcelle avait ruminé sur son échec cuisant lors d'un concours de pâtisserie contre la grand-mère Margot. Depuis ce jour, elle avait nourri une rancune secrète envers la pâtisserie voisine. Lorsqu'elle avait entendu parler du fameux gâteau aux amandes, l'envie avait pris le dessus, et elle avait fomenté un plan pour le voler et prouver enfin sa supériorité.

Cependant, à mesure que Monsieur Bernard se rapprochait de la vérité, Madame Marcelle commençait à ressentir des remords. Elle se rappela les valeurs de l'amitié et du partage que sa grand-mère lui avait inculquées dans son enfance. Regrettant ses actions impétueuses, elle décida de faire amende honorable.

Pendant que Monsieur Bernard rassemblait les derniers indices pour résoudre le mystère de la pâtisserie perdue, Madame Marcelle arriva à la porte de "Le Petit Délice", le cœur lourd de repentir. Là, elle avoua tout à Monsieur Bernard, lui rendant le précieux gâteau aux amandes et implorant son pardon.

Touché par sa sincérité, Monsieur Bernard pardonna à Madame Marcelle et lui offrit une seconde chance. Ensemble, ils décidèrent de partager leurs talents de pâtissiers, fusionnant les recettes traditionnelles de grand-mère Margot avec les innovations culinaires de Madame Marcelle pour créer une nouvelle gamme de délices qui enchanteraient le village tout entier.

Et ainsi, grâce à la générosité et à la compréhension mutuelle, les mystères de la pâtisserie perdue furent résolus, laissant place à une nouvelle amitié sucrée et à des saveurs inoubliables qui continueraient de régaler les habitants du village pour les années à venir.

The Mysteries of the Lost Pastry

Once upon a time, in a small village nestled in the heart of the French countryside, there was a picturesque pastry shop called "Le Petit Délice". Run by the charming Monsieur Bernard, this bakery was famous for its delicious macarons, golden croissants, and chocolate éclairs that melted the hearts of anyone who tasted them.

One sunny morning, as Monsieur Bernard lovingly prepared his pastries, he suddenly noticed that one of his masterpieces had mysteriously disappeared. It was Grandmother Margot's legendary almond cake, a recipe passed down through generations. Monsieur Bernard was dismayed. How could such a precious cake vanish without a trace?

Determined to solve the mystery, Monsieur Bernard decided to investigate himself. He began by questioning his loyal customers, hoping to glean some clues. Madame Dupont, a regular at the shop, remembered seeing a suspicious stranger lurking around the pastry shop the previous evening. A romantic young couple, Monsieur and Madame Leclerc, claimed to have heard strange noises coming from the back of the shop late at night.

Sporting his improvised detective apron, Monsieur Bernard embarked on a series of searches, scouring the hidden corners of the pastry shop and questioning the villagers. With each step, he uncovered new intriguing clues: a crumb of puff pastry near the back door, a sweet scent lingering in the air near the neighboring garden.

Meanwhile, in an old house at the edge of the forest, lurked an enigmatic figure: Madame Marcelle, a retired pastry chef. Solitary and suspicious, she lived with only her memories of days spent behind the ovens for company. But on this day, something had changed. A glint of mischief sparkled in her tired eyes as she observed a familiar object sitting on her table: Grandmother Margot's almond cake.

For years, Madame Marcelle had brooded over her crushing defeat in a pastry competition against Grandmother Margot. Since that day, she had harbored a secret grudge against the neighboring pastry shop. When she heard about the famous almond cake, envy got the better of her, and she devised a plan to steal it and finally prove her superiority.

However, as Monsieur Bernard drew closer to the truth, Madame Marcelle began to feel remorse. She remembered the values of friendship and sharing that her grandmother had instilled in her as a child. Regretting her impulsive actions, she decided to make amends.

While Monsieur Bernard gathered the final clues to solve the mystery of the lost pastry, Madame Marcelle arrived at the door of "Le Petit Délice", her heart heavy with repentance. There, she confessed everything to Monsieur Bernard, returning the precious almond cake and begging for his forgiveness.

Touched by her sincerity, Monsieur Bernard forgave Madame Marcelle and offered her a second chance. Together, they decided to share their pastry talents, blending Grandmother Margot's traditional recipes with Madame Marcelle's culinary innovations to create a new range of delights that would enchant the entire village.

And so, thanks to generosity and mutual understanding, the mysteries of the lost pastry were solved, making way for a new sweet friendship and unforgettable flavors that would continue to delight the villagers for years to come.

Un Amour Inattendu au Marché aux Fleurs

Il était une fois, dans la magnifique ville de Paris, un marché aux fleurs pittoresque situé au cœur du quartier Montmartre. Chaque matin, alors que le soleil se levait doucement sur la ville, les étals colorés du marché s'animaient, attirant les habitants et les touristes avec leurs magnifiques bouquets de roses, de tulipes et de lys.

Parmi les visiteurs réguliers du marché se trouvait une jeune femme nommée Sophie. Timide et réservée, Sophie adorait flâner entre les étals, admirant la beauté des fleurs et respirant leur parfum enivrant. Elle avait toujours rêvé de trouver l'amour, mais elle n'avait jamais osé espérer qu'il pourrait se trouver parmi les fleurs du marché.

Un jour, alors qu'elle parcourait les allées du marché, Sophie remarqua un homme qui se tenait devant un étal de roses rouges. Il avait l'air perdu dans ses pensées, contemplant les fleurs avec une tendresse étrange. Il s'appelait Antoine, un artiste passionné par la beauté de la nature et inspiré par les couleurs vibrantes des fleurs.

Sans réfléchir, Sophie s'approcha de lui et engagea la conversation. Ils parlèrent de tout et de rien, partageant des histoires sur leur amour pour les fleurs et la magie du marché aux fleurs de Montmartre. Bientôt, une amitié improbable naquit entre eux, chaque rencontre au marché devenant un moment de joie et de complicité.

Au fil des semaines, leur amitié se transforma lentement en quelque chose de plus profond. Sophie découvrit qu'Antoine était un homme doux et attentionné, toujours prêt à écouter et à offrir son soutien. Quant à Antoine, il était émerveillé par la beauté intérieure de Sophie, sa gentillesse et sa générosité sans bornes.

Cependant, malgré leur proximité croissante, aucun d'eux n'osa avouer ses véritables sentiments à l'autre. Sophie craignait de briser leur belle amitié en révélant son amour pour Antoine, tandis qu'Antoine redoutait de perdre la précieuse compagnie de Sophie s'il avouait ses propres sentiments.

Pendant ce temps, le marché aux fleurs de Montmartre était le théâtre de nombreux événements colorés et joyeux. Des mariages étaient célébrés parmi les roses en fleurs, des artistes peignaient des portraits de couples amoureux sous les platanes ombragés, et des musiciens jouaient des mélodies envoûtantes qui flottaient dans l'air comme le parfum des fleurs.

Un jour, alors que Sophie et Antoine se promenaient ensemble dans le marché, une soudaine averse éclata, les piégeant sous un auvent de fortune. Ils se regardèrent, riant de la situation absurde, mais leurs yeux se rencontrèrent, révélant les émotions profondes qu'ils avaient cachées si longtemps.

Soudain, Antoine prit doucement la main de Sophie dans la sienne, ses yeux brillant d'une lueur intense. "Sophie," murmura-t-il, "il y a quelque chose que je dois te dire depuis longtemps. Je t'aime."

Les mots d'Antoine firent battre le cœur de Sophie plus fort que jamais. Avec un sourire radieux, elle lui avoua à son tour ses propres sentiments, révélant l'amour qu'elle avait gardé caché si longtemps dans son cœur.

Et ainsi, sous la pluie battante du marché aux fleurs de Montmartre, Sophie et Antoine scellèrent leur amour naissant avec un baiser tendre et passionné. Les fleurs autour d'eux semblaient s'épanouir encore plus brillamment, comme pour célébrer le début d'une histoire d'amour aussi belle et inattendue que les fleurs du marché.

An Unexpected Love at the Flower Market

Once upon a time, in the beautiful city of Paris, there was a picturesque flower market located in the heart of the Montmartre district. Every morning, as the sun rose gently over the city, the colorful stalls of the market came to life, attracting locals and tourists alike with their magnificent bouquets of roses, tulips, and lilies.

Among the regular visitors to the market was a young woman named Sophie. Shy and reserved, Sophie loved to stroll between the stalls, admiring the beauty of the flowers and breathing in their intoxicating fragrance. She had always dreamed of finding love, but she had never dared to hope that it could be found among the flowers of the market.

One day, as she wandered the aisles of the market, Sophie noticed a man standing in front of a stall of red roses. He seemed lost in thought, gazing at the flowers with a strange tenderness. His name was Antoine, an artist passionate about the beauty of nature and inspired by the vibrant colors of the flowers.

Without hesitation, Sophie approached him and struck up a conversation. They talked about everything and nothing, sharing stories about their love for flowers and the magic of the Montmartre flower market. Soon, an unlikely friendship blossomed between them, with each encounter at the market becoming a moment of joy and companionship.

Over the weeks, their friendship slowly turned into something deeper. Sophie discovered that Antoine was a gentle and caring man, always ready to listen and offer his support. As for Antoine, he was amazed by Sophie's inner beauty, her kindness, and her boundless generosity.

However, despite their growing closeness, neither of them dared to confess their true feelings to the other. Sophie feared that she would ruin their beautiful friendship by revealing her love for Antoine, while

Antoine dreaded losing Sophie's precious companionship if he confessed his own feelings.

Meanwhile, the Montmartre flower market was the scene of many colorful and joyful events. Weddings were celebrated among the blooming roses, artists painted portraits of loving couples under the shady plane trees, and musicians played enchanting melodies that floated in the air like the scent of flowers.

One day, as Sophie and Antoine walked together in the market, a sudden downpour broke out, trapping them under a makeshift awning. They looked at each other, laughing at the absurd situation, but their eyes met, revealing the deep emotions they had hidden for so long.

Suddenly, Antoine gently took Sophie's hand in his own, his eyes shining with an intense glow. "Sophie," he murmured, "there is something I have to tell you for a long time. I love you."

Antoine's words made Sophie's heart beat faster than ever. With a radiant smile, she confessed her own feelings to him, revealing the love she had kept hidden for so long in her heart.

And so, in the pouring rain of the Montmartre flower market, Sophie and Antoine sealed their budding love with a tender and passionate kiss. The flowers around them seemed to bloom even more brightly, as if to celebrate the beginning of a love story as beautiful and unexpected as the flowers of the market.

Le Club de Tricot Secret de la Grand-Mère

Il était une fois, dans un petit village français endormi au creux des collines, vivait une vieille dame nommée Éléonore. Elle était connue de tous comme la grand-mère la plus aimante et la plus attentionnée du village. Mais derrière son apparence modeste se cachait un secret bien gardé : Éléonore était la fondatrice du Club de Tricot Secret, un groupe de tricoteuses chevronnées qui se réunissait chaque semaine pour partager des histoires, des conseils et bien sûr, leurs créations tricotées.

Le Club de Tricot Secret était une institution vieille de plusieurs décennies, transmise de génération en génération par les femmes du village. Mais contrairement aux autres clubs de tricot, celui-ci avait une règle stricte : seules les grand-mères pouvaient y participer. C'était un espace réservé aux femmes âgées, où elles pouvaient se retrouver en toute intimité pour échanger des confidences et tisser des liens d'amitié indéfectibles.

Chaque mercredi après-midi, Éléonore ouvrait les portes de sa maison pittoresque aux membres du club. Les vieilles dames arrivaient une par une, portant fièrement leurs paniers de laine colorée et leurs aiguilles cliquetantes. Bientôt, la pièce se remplissait de rires, de bavardages et du doux son des aiguilles qui s'entrecroisaient.

Parmi les membres les plus fidèles du club se trouvaient Marguerite, une ancienne institutrice au cœur tendre, Claudette, une grand-mère espiègle au sens de l'humour piquant, et Madeleine, une experte en tricot qui pouvait transformer n'importe quel fil en une œuvre d'art.

Chaque semaine, les membres du club travaillaient sur un nouveau projet tricot, qu'il s'agisse de couvertures douillettes, de châles élégants ou de petits chaussons pour les nouveau-nés du village. Mais au-delà du tricot, c'était l'amitié et le soutien mutuel qui faisaient la force du club.

Un jour, alors que le club se réunissait comme d'habitude, Éléonore apporta une nouvelle laine à tricoter. C'était un fil délicat dans une teinte de bleu pâle, doux comme le ciel d'été. Elle expliqua aux membres du club qu'elle avait décidé de tricoter quelque chose de spécial cette fois-ci : un châle pour la fête d'anniversaire de sa petite-fille, Marie.

Les membres du club se réjouirent à l'idée de ce projet particulier. Ils savaient tous à quel point Éléonore était proche de sa petite-fille et à quel point cette fête d'anniversaire était importante pour elle. Avec un enthousiasme renouvelé, elles se mirent au travail, échangeant des idées et des conseils pour créer le châle parfait.

Mais alors qu'elles tricotaient, elles réalisèrent bientôt qu'Éléonore gardait un autre secret. Elle semblait préoccupée et distante, perdue dans ses pensées. Les membres du club s'inquiétèrent pour elle, se demandant ce qui pouvait bien la tourmenter.

Finalement, Claudette décida de briser le silence. Avec une tendresse infinie, elle prit la main d'Éléonore et lui demanda doucement ce qui n'allait pas. Les larmes aux yeux, Éléonore avoua la vérité : Marie, sa petite-fille bien-aimée, était sur le point de déménager à l'autre bout du pays pour poursuivre ses études universitaires. Elle avait peur de perdre le lien si spécial qui les unissait.

Les membres du club se regardèrent avec compassion. Elles comprenaient maintenant pourquoi Éléonore était si préoccupée. Mais elles savaient aussi que l'amour d'une grand-mère était plus fort que la distance. Avec détermination, elles décidèrent de faire quelque chose pour remonter le moral d'Éléonore et lui montrer à quel point elle était aimée.

Ainsi, le Club de Tricot Secret se mit au travail avec une nouvelle mission : créer un châle spécial pour Marie, un cadeau qui lui rappellerait toujours l'amour et le soutien de sa grand-mère, où qu'elle aille dans le monde. Chaque membre du club apporta son propre fil de laine et son talent unique, tissant ensemble un chef-d'œuvre de couleur et de texture.

Pendant des semaines, elles travaillèrent avec ardeur sur le châle, ajoutant des motifs complexes et des détails délicats. Chaque point était empreint de l'amour et de l'espoir des grand-mères, tissant un lien invisible entre elles et la jeune Marie.

Enfin, le jour de la fête d'anniversaire de Marie arriva. Éléonore était nerveuse, se demandant si son cadeau serait à la hauteur des attentes de sa petite-fille. Mais dès que Marie ouvrit le paquet et découvrit le magnifique châle, son visage s'illumina d'un sourire radieux.

Elle enveloppa le châle autour de ses épaules, sentant la chaleur et l'affection qui s'en dégageaient. Elle regarda sa grand-mère avec des yeux brillants de gratitude et d'amour, sachant qu'elle emporterait toujours un morceau de son cœur avec elle, où qu'elle aille dans la vie.

Et ainsi, grâce à l'amitié et à la solidarité du Club de Tricot Secret, Éléonore et Marie réalisèrent que l'amour d'une grand-mère pouvait surmonter tous les obstacles, même la distance. Et que les liens tissés avec amour ne se brisent jamais, même lorsque le fil de la vie les met à l'épreuve.

Grandmother's Secret Knitting Club

Once upon a time, in a sleepy French village nestled in the hills, lived an elderly lady named Éléonore. She was known to all as the most loving and caring grandmother in the village. But behind her modest appearance lay a well-kept secret: Éléonore was the founder of the Secret Knitting Club, a group of skilled knitters who met every week to share stories, advice, and of course, their knitted creations.

The Secret Knitting Club was an institution that had been around for decades, passed down from generation to generation by the women of the village. But unlike other knitting clubs, this one had a strict rule: only grandmothers could participate. It was a space reserved for elderly women, where they could come together in intimate surroundings to exchange confidences and forge unbreakable bonds of friendship.

Every Wednesday afternoon, Éléonore opened the doors of her picturesque house to the club members. The old ladies arrived one by one, proudly carrying their baskets of colorful yarn and clattering needles. Soon, the room filled with laughter, chatter, and the gentle sound of needles intertwining.

Among the most faithful members of the club were Marguerite, a former schoolteacher with a tender heart, Claudette, a mischievous grandmother with a sharp sense of humor, and Madeleine, a knitting expert who could turn any yarn into a work of art.

Every week, the club members worked on a new knitting project, whether it was cozy blankets, elegant shawls, or tiny booties for the village newborns. But beyond knitting, it was friendship and mutual support that were the strength of the club.

One day, as the club gathered as usual, Éléonore brought out a new knitting yarn. It was a delicate thread in a shade of pale blue, soft as the summer sky. She explained to the club members that she had decided to knit something special this time: a shawl for her granddaughter Marie's birthday party.

The club members rejoiced at the thought of this special project. They all knew how close Éléonore was to her granddaughter and how important this birthday party was to her. With renewed enthusiasm, they set to work, exchanging ideas and tips to create the perfect shawl.

But as they knitted, they soon realized that Éléonore was keeping another secret. She seemed preoccupied and distant, lost in her thoughts. The club members worried about her, wondering what could be troubling her.

Finally, Claudette decided to break the silence. With infinite tenderness, she took Éléonore's hand and gently asked her what was wrong. Tears in her eyes, Éléonore confessed the truth: Marie, her beloved granddaughter, was about to move to the other side of the country to pursue her university studies. She was afraid of losing the special bond that united them.

The club members looked at each other with compassion. They now understood why Éléonore was so preoccupied. But they also knew that a grandmother's love was stronger than distance. With determination, they decided to do something to lift Éléonore's spirits and show her how much she was loved.

Thus, the Secret Knitting Club embarked on a new mission: to create a special shawl for Marie, a gift that would always remind her of her grandmother's love and support, wherever she went in the world. Each club member brought her own yarn and unique talent, weaving together a masterpiece of color and texture.

For weeks, they worked tirelessly on the shawl, adding intricate patterns and delicate details. Each stitch was imbued with the love and hope of the grandmothers, weaving an invisible bond between them and young Marie.

Finally, the day of Marie's birthday party arrived. Éléonore was nervous, wondering if her gift would meet her granddaughter's expectations. But as soon as Marie opened the package and discovered the beautiful shawl, her face lit up with a radiant smile.

She wrapped the shawl around her shoulders, feeling the warmth and affection that emanated from it. She looked at her grandmother with shining eyes full of gratitude and love, knowing that she would always carry a piece of her heart with her, wherever she went in life.

And so, thanks to the friendship and solidarity of the Secret Knitting Club, Éléonore and Marie realized that a grandmother's love could overcome all obstacles, even distance. And that lovingly woven bonds never break, even when life's thread puts them to the test.

Les Aventures de Monsieur Dupont et Son Chat Philosophe

Dans un petit appartement au cœur de la ville, vivait un homme nommé Monsieur Dupont. Monsieur Dupont était un homme tranquille, qui aimait passer ses journées à lire des livres et à contempler la vie depuis sa fenêtre. Mais ce qui rendait Monsieur Dupont différent des autres, c'était son compagnon de vie peu conventionnel : un chat nommé Socrate.

Socrate n'était pas un chat ordinaire. Il était doté d'une sagesse et d'une intelligence remarquables, et il aimait discuter de sujets philosophiques avec Monsieur Dupont. Ensemble, ils passaient des heures à débattre des grandes questions de la vie, de la nature de l'existence et du sens de l'univers.

Un jour, alors que Monsieur Dupont lisait tranquillement dans son fauteuil préféré, Socrate sauta sur ses genoux et miaula d'une voix grave : "Monsieur Dupont, j'ai une idée ! Pourquoi ne pas partir à l'aventure ensemble ?"

Monsieur Dupont fut surpris par la suggestion de son chat, mais il ne put s'empêcher d'être intrigué. "Mais où irions-nous, Socrate ?" demanda-t-il. "Partout où le vent nous mènera !" répondit Socrate avec un éclat malicieux dans les yeux.

Et ainsi, les aventures de Monsieur Dupont et de son chat philosophe commencèrent. Ils quittèrent leur petit appartement et se lancèrent dans un voyage à travers la ville, explorant des quartiers qu'ils n'avaient jamais visités auparavant.

Leur premier arrêt fut un parc tranquille au bord de la rivière. Alors qu'ils se promenaient sous les arbres, Socrate posa une question à Monsieur Dupont : "Quelle est la nature de la beauté, Monsieur Dupont ?"

Monsieur Dupont réfléchit un moment avant de répondre : "La beauté est partout autour de nous, Socrate. Elle réside dans les fleurs qui fleurissent au printemps, dans le chant des oiseaux au lever du soleil, et dans les sourires des gens que nous rencontrons."

Satisfait de cette réponse, Socrate miaula d'approbation et ils continuèrent leur promenade.

Leur prochaine aventure les mena à un café animé en plein cœur de la ville. Alors qu'ils s'asseyaient à une table en terrasse, Socrate demanda à Monsieur Dupont : "Quel est le sens de la vie, Monsieur Dupont ?"

Monsieur Dupont prit une gorgée de son café avant de répondre : "Le sens de la vie, c'est de trouver le bonheur dans les petites choses, Socrate. C'est de chérir les moments simples et de partager notre amour avec ceux qui nous entourent."

Socrate acquiesça d'un signe de tête sage, et ils passèrent le reste de l'après-midi à regarder les passants et à discuter de la nature de l'existence.

Au fur et à mesure qu'ils poursuivaient leur voyage à travers la ville, Monsieur Dupont et Socrate rencontrèrent toutes sortes de personnages fascinants : des artistes de rue excentriques, des musiciens de métro talentueux et même un vendeur de glaces sympathique qui leur offrit une boule de vanille gratuite.

À chaque étape de leur périple, ils continuaient à discuter de sujets philosophiques et à découvrir de nouvelles perspectives sur la vie. Et à chaque soir, alors qu'ils rentraient chez eux après une journée bien remplie, ils se sentaient plus proches l'un de l'autre que jamais.

Finalement, après avoir exploré tous les coins et recoins de la ville, Monsieur Dupont et Socrate décidèrent qu'il était temps de rentrer chez eux. Ils avaient vu et appris tant de choses au cours de leur voyage, mais ce qui comptait le plus, c'était le lien spécial qui les unissait en tant qu'amis et compagnons de voyage.

Et ainsi, alors que le soleil se couchait sur la ville et que les étoiles commençaient à scintiller dans le ciel, Monsieur Dupont et son chat philosophe s'endormirent paisiblement, sachant que peu importe où la vie les mènerait, ils étaient prêts à affronter l'avenir ensemble, main dans la patte.

The Adventures of Mr. Dupont and His Philosophical Cat

In a small apartment in the heart of the city lived a man named Mr. Dupont. Mr. Dupont was a quiet man who enjoyed spending his days reading books and contemplating life from his window. But what made Mr. Dupont different from others was his unconventional life companion: a cat named Socrates.

Socrates was no ordinary cat. He was endowed with remarkable wisdom and intelligence, and he loved to discuss philosophical subjects with Mr. Dupont. Together, they spent hours debating life's big questions, the nature of existence, and the meaning of the universe.

One day, as Mr. Dupont was quietly reading in his favorite armchair, Socrates jumped onto his lap and meowed in a deep voice, "Mr. Dupont, I have an idea! Why don't we go on an adventure together?"

Mr. Dupont was surprised by his cat's suggestion, but he couldn't help but be intrigued. "But where would we go, Socrates?" he asked.

"Anywhere the wind takes us!" replied Socrates with a mischievous twinkle in his eyes.

And so, the adventures of Mr. Dupont and his philosophical cat began. They left their small apartment and embarked on a journey through the city, exploring neighborhoods they had never visited before.

Their first stop was a quiet park by the river. As they strolled beneath the trees, Socrates posed a question to Mr. Dupont: "What is the nature of beauty, Mr. Dupont?"

Mr. Dupont pondered for a moment before replying, "Beauty is everywhere around us, Socrates. It resides in the flowers that bloom in spring, in the song of birds at sunrise, and in the smiles of the people we meet."

Satisfied with this answer, Socrates meowed in approval, and they continued their walk.

Their next adventure took them to a bustling café in the heart of the city. As they sat at a table on the terrace, Socrates asked Mr. Dupont, "What is the meaning of life, Mr. Dupont?"

Mr. Dupont took a sip of his coffee before replying, "The meaning of life is to find happiness in the little things, Socrates. It's to cherish simple moments and to share our love with those around us."

Socrates nodded sagely, and they spent the rest of the afternoon watching the passersby and discussing the nature of existence.

As they continued their journey through the city, Mr. Dupont and Socrates encountered all sorts of fascinating characters: eccentric street artists, talented subway musicians, and even a friendly ice cream vendor who offered them a free scoop of vanilla.

At each stage of their journey, they continued to discuss philosophical subjects and to discover new perspectives on life. And each evening, as they returned home after a busy day, they felt closer to each other than ever.

Finally, after exploring every nook and cranny of the city, Mr. Dupont and Socrates decided it was time to return home. They had seen and learned so much during their journey, but what mattered most was the special bond that united them as friends and travel companions.

And so, as the sun set over the city and the stars began to twinkle in the sky, Mr. Dupont and his philosophical cat fell asleep peacefully, knowing that no matter where life took them, they were ready to face the future together, hand in paw.

La Chasse au Trésor dans le Petit Village

Dans le petit village pittoresque de Saint-Martin, situé au creux des collines verdoyantes de la campagne française, vivait une communauté chaleureuse et pleine de vie. Les habitants de Saint-Martin se connaissaient tous depuis des générations, et ils étaient réputés pour leur esprit d'entraide et leur amour des traditions.

Un jour, alors que le soleil se levait doucement sur le village, une rumeur excitante commença à circuler parmi les habitants : un trésor caché avait été découvert dans les environs, et une chasse au trésor était organisée pour le retrouver ! Les villageois étaient remplis d'enthousiasme à l'idée de partir à l'aventure et de chercher le trésor caché depuis si longtemps.

Parmi les habitants les plus excités à l'idée de participer à la chasse au trésor se trouvaient deux amis inséparables : Marie et Pierre. Marie était une jeune femme pleine d'énergie et de curiosité, tandis que Pierre était un garçon intrépide et aventurier. Ensemble, ils avaient grandi en explorant les recoins secrets du village et en partageant des aventures inoubliables.

Dès qu'ils entendirent parler de la chasse au trésor, Marie et Pierre savaient qu'ils devaient y participer. Ils se rencontrèrent sur la place du village, où tous les participants étaient réunis pour recevoir les instructions de départ. Un vieil homme sage du village, nommé Étienne, expliqua les règles du jeu et donna aux participants une vieille carte au trésor énigmatique.

La carte était ornée de symboles mystérieux et de directions vagues, ce qui ne fit qu'exciter davantage la curiosité de Marie et Pierre. Ils se regardèrent avec détermination, prêts à relever le défi et à découvrir le trésor caché ensemble.

Avec un sourire confiant, Marie et Pierre se mirent en route, suivant les indications de la carte au trésor. Leur première étape les mena à travers les ruelles étroites du village, où ils inspectèrent chaque recoin à la recherche de pistes cachées. Ils parlèrent aux habitants du village, posant des questions et rassemblant des indices précieux sur le lieu possible du trésor.

Au fur et à mesure qu'ils avançaient dans leur quête, Marie et Pierre se retrouvèrent confrontés à une série de défis et d'énigmes ingénieuses. Ils escaladèrent des collines escarpées, traversèrent des rivières tumultueuses et explorèrent des grottes sombres, toujours suivant les indices de la carte au trésor avec détermination et esprit d'équipe.

Pendant leur périple, ils firent la rencontre de personnages fascinants, comme le vieux pêcheur qui leur donna un conseil précieux sur la direction à prendre, ou la vieille dame mystérieuse qui leur raconta des légendes anciennes sur le trésor caché. Chaque rencontre les rapprochait un peu plus de leur objectif et enrichissait leur aventure de nouvelles perspectives et de nouvelles connaissances.

Finalement, après des heures d'exploration et de recherche, Marie et Pierre arrivèrent à l'endroit indiqué sur la carte au trésor : une clairière isolée au sommet d'une colline boisée. Le soleil couchant baignait la clairière dans une lumière dorée, et l'air était chargé d'excitation et d'anticipation.

Avec un sentiment d'excitation mêlé de nervosité, Marie et Pierre se mirent à creuser dans le sol meuble de la clairière, suivant les indications de la carte au trésor. Leurs mains travaillaient avec frénésie, creusant de plus en plus profondément dans l'espoir de découvrir enfin le trésor caché depuis si longtemps.

Et alors, juste au moment où ils commençaient à perdre espoir, leurs mains entrèrent en contact avec quelque chose de dur et de froid sous la surface du sol. Avec un cri de joie, Marie et Pierre sortirent leur découverte de la terre : un coffre en bois ancien, orné de symboles mystérieux et de ferrures rouillées.

Le cœur battant d'excitation, Marie et Pierre ouvrirent le coffre avec précaution, révélant son contenu scintillant à la lumière du soleil couchant. À l'intérieur, ils découvrirent un trésor éblouissant de pièces d'or et de joyaux étincelants, étincelant comme des étoiles dans la nuit.

Avec des larmes de joie aux yeux, Marie et Pierre se regardèrent, réalisant qu'ils avaient réussi leur quête et découvert le trésor caché du village. Leur amitié et leur détermination avaient triomphé, et ils étaient fiers d'avoir partagé cette aventure inoubliable ensemble.

Et ainsi, alors que le soleil se couchait sur le petit village de Saint-Martin et que les étoiles s'allumaient dans le ciel nocturne, Marie et Pierre rentrèrent chez eux, portant avec eux le souvenir précieux de leur chasse au trésor réussie et de leur amitié indestructible.

Treasure Hunt in the Small Village

In the picturesque little village of Saint-Martin, nestled in the green hills of the French countryside, lived a warm and lively community. The inhabitants of Saint-Martin all knew each other for generations, and they were known for their spirit of cooperation and love of traditions.

One day, as the sun rose gently over the village, an exciting rumor began to circulate among the inhabitants: a hidden treasure had been discovered in the vicinity, and a treasure hunt was organized to find it! The villagers were filled with enthusiasm at the prospect of going on an adventure and searching for the treasure hidden for so long.

Among the most excited inhabitants to participate in the treasure hunt were two inseparable friends: Marie and Pierre. Marie was a young woman full of energy and curiosity, while Pierre was a fearless and adventurous boy. Together, they had grown up exploring the secret corners of the village and sharing unforgettable adventures.

As soon as they heard about the treasure hunt, Marie and Pierre knew they had to participate. They met in the village square, where all the participants were gathered to receive the starting instructions. An old wise man from the village, named Étienne, explained the rules of the game and gave the participants an enigmatic old treasure map.

The map was adorned with mysterious symbols and vague directions, which only further excited Marie and Pierre's curiosity. They looked at each other with determination, ready to take on the challenge and discover the hidden treasure together.

With a confident smile, Marie and Pierre set off, following the instructions of the treasure map. Their first step took them through the narrow streets of the village, where they inspected every corner in search of hidden clues. They talked to the villagers, asking questions and gathering valuable clues about the possible location of the treasure.

As they progressed in their quest, Marie and Pierre found themselves faced with a series of challenges and ingenious puzzles. They climbed steep hills, crossed turbulent rivers, and explored dark caves, always following the clues of the treasure map with determination and teamwork.

During their journey, they met fascinating characters, such as the old fisherman who gave them valuable advice on which direction to take, or the mysterious old lady who told them ancient legends about the hidden treasure. Each encounter brought them closer to their goal and enriched their adventure with new perspectives and knowledge.

Finally, after hours of exploration and search, Marie and Pierre arrived at the location indicated on the treasure map: a secluded clearing at the top of a wooded hill. The setting sun bathed the clearing in golden light, and the air was filled with excitement and anticipation.

With a feeling of excitement mixed with nervousness, Marie and Pierre began to dig into the soft soil of the clearing, following the indications of the treasure map. Their hands worked frantically, digging deeper and deeper in the hope of finally discovering the treasure hidden for so long.

And then, just as they were beginning to lose hope, their hands came into contact with something hard and cold beneath the surface of the soil. With a cry of joy, Marie and Pierre unearthed their discovery: an old wooden chest, adorned with mysterious symbols and rusty fittings.

With hearts pounding with excitement, Marie and Pierre opened the chest carefully, revealing its sparkling contents in the light of the setting sun. Inside, they discovered a dazzling treasure trove of gold coins and sparkling jewels, glittering like stars in the night.

With tears of joy in their eyes, Marie and Pierre looked at each other, realizing that they had succeeded in their quest and discovered the hidden treasure of the village. Their friendship and determination had triumphed, and they were proud to have shared this unforgettable adventure together.

And so, as the sun set on the small village of Saint-Martin and the stars lit up the night sky, Marie and Pierre returned home, carrying with them the precious memory of their successful treasure hunt and their indestructible friendship.

La Pension des Animaux Excentriques

Dans un coin tranquille de la campagne française, nichée entre des champs verdoyants et des collines douces, se trouvait une pension pas comme les autres. La Pension des Animaux Excentriques était un havre de paix pour les créatures les plus inhabituelles et les plus extravagantes que l'on puisse imaginer.

Dirigée par la charmante Madame Dubois, une dame au grand cœur et à l'amour infini pour les animaux, la pension accueillait une variété étonnante de locataires à quatre pattes. Des chiens chanteurs aux chats acrobates, en passant par les lapins magiciens et les perroquets bavards, chaque animal avait sa propre personnalité unique et ses propres bizarreries.

Un jour, alors que le soleil se levait doucement sur la pension, un nouveau pensionnaire fit son entrée : un cochon nommé Gaston. Mais Gaston n'était pas un cochon ordinaire. Il était doté d'une intelligence remarquable et d'un sens de l'humour aiguisé, et il aimait rien de plus que de raconter des blagues farfelues et de jouer des tours à ses compagnons de pension.

Dès son arrivée, Gaston se fit remarquer par ses comportements extravagants. Il se déguisait en super-héros avec une cape fabriquée à partir de serviettes de bain, organisait des concours de saut en hauteur dans la cour de la pension, et organisait même des séances de yoga pour les autres animaux.

Au début, certains des pensionnaires étaient perplexes face aux antics farfelus de Gaston. Mais bientôt, ils furent conquis par son charme espiègle et sa joie de vivre contagieuse. Bientôt, la pension était remplie de rires et de sourires, grâce aux blagues de Gaston et à ses farces comiques.

Cependant, tout n'était pas toujours joyeux à la Pension des Animaux Excentriques. De temps en temps, des disputes éclataient entre les locataires, et Madame Dubois devait intervenir pour ramener la paix et l'harmonie. Mais avec son calme naturel et son amour inconditionnel pour les animaux, elle trouvait toujours un moyen de résoudre les conflits et de ramener la joie à la pension.

Un jour, un événement inattendu perturba la tranquillité de la pension : le célèbre magicien Monsieur Merlin arriva avec son assistant félin, un chat noir nommé Félix. Monsieur Merlin était en tournée dans la région et cherchait un endroit pour Félix pendant qu'il se produisait dans un spectacle de magie.

Dès son arrivée, Félix se fit remarquer par son attitude arrogante et ses tours de magie impressionnants. Il jonglait avec des balles invisibles, faisait disparaître des pièces de monnaie et sortait même un lapin de son chapeau, ce qui impressionna beaucoup les autres pensionnaires.

Cependant, Félix n'était pas le seul à avoir des talents magiques à la pension. Un soir, lors d'un spectacle improvisé dans le jardin, Gaston le cochon décida de montrer ses propres compétences en magie. Il sortit une baguette magique de derrière son dos, prononça quelques mots mystérieux, et fit apparaître un bouquet de fleurs multicolores, ce qui fit rire et applaudir les autres animaux.

Félix fut impressionné par les talents magiques de Gaston et décida de mettre fin à leur rivalité. Les deux animaux se serrèrent la main, mettant fin à leur querelle et devenant même amis. Ensemble, ils organisèrent des spectacles de magie pour les autres pensionnaires, émerveillant tout le monde avec leurs tours fascinants et leur camaraderie.

Au fil du temps, la Pension des Animaux Excentriques devint un lieu de rencontre pour les animaux de toutes sortes, un endroit où ils pouvaient être eux-mêmes et être acceptés pour ce qu'ils étaient. Et bien que les pensionnaires fussent tous différents les uns des autres, ils étaient unis par leur amour pour Madame Dubois et pour leur maison unique et spéciale dans la campagne française.

Et ainsi, alors que le soleil se couchait sur la Pension des Animaux Excentriques, les locataires s'endormirent paisiblement, sachant qu'ils étaient entourés d'amour et de joie, et que leur maison était un endroit où ils seraient toujours les bienvenus, peu importe à quel point ils étaient excentriques.

The Boarding House for Eccentric Animals

In a quiet corner of the French countryside, nestled between lush fields and gentle hills, there was a boarding house unlike any other. The Boarding House for Eccentric Animals was a haven for the most unusual and extravagant creatures one could imagine.

Run by the charming Madame Dubois, a lady with a big heart and infinite love for animals, the boarding house welcomed an astonishing variety of four-legged tenants. From singing dogs to acrobatic cats, to magic rabbits and chatty parrots, each animal had its own unique personality and quirks.

One day, as the sun rose gently over the boarding house, a new boarder made his entrance: a pig named Gaston. But Gaston was no ordinary pig. He was endowed with remarkable intelligence and a sharp sense of humor, and he loved nothing more than telling wacky jokes and playing pranks on his boarding house companions.

From the moment he arrived, Gaston made himself noticed by his extravagant behaviors. He would dress up as a superhero with a cape made from bath towels, organize high jump contests in the boarding house yard, and even hold yoga sessions for the other animals.

At first, some of the boarders were puzzled by Gaston's antics. But soon, they were won over by his mischievous charm and infectious zest for life. Before long, the boarding house was filled with laughter and smiles, thanks to Gaston's jokes and comedic antics.

However, all was not always merry at the Boarding House for Eccentric Animals. Occasionally, disputes would arise among the tenants, and Madame Dubois had to intervene to restore peace and harmony. But with her natural calmness and unconditional love for animals, she always found a way to resolve conflicts and bring joy back to the boarding house.

One day, an unexpected event disrupted the tranquility of the boarding house: the famous magician Monsieur Merlin arrived with his feline assistant, a black cat named Felix. Monsieur Merlin was touring the region and was looking for a place for Felix while he performed in a magic show.

Upon his arrival, Felix made himself noticed by his arrogant attitude and impressive magic tricks. He juggled with invisible balls, made coins disappear, and even pulled a rabbit out of his hat, much to the amazement of the other boarders.

However, Felix was not the only one with magical talents at the boarding house. One evening, during an impromptu show in the garden, Gaston the pig decided to showcase his own magic skills. He pulled a magic wand from behind his back, uttered a few mysterious words, and made a bouquet of colorful flowers appear, which made the other animals laugh and applaud.

Felix was impressed by Gaston's magic talents and decided to put an end to their rivalry. The two animals shook hands, ending their quarrel and even becoming friends. Together, they organized magic shows for the other boarders, mesmerizing everyone with their fascinating tricks and camaraderie.

Over time, the Boarding House for Eccentric Animals became a meeting place for animals of all kinds, a place where they could be themselves and be accepted for who they were. And although the boarders were all different from each other, they were united by their love for Madame Dubois and for their unique and special home in the French countryside. And so, as the sun set on the Boarding House for Eccentric Animals, the tenants fell asleep peacefully, knowing that they were surrounded by love and joy, and that their home was a place where they would always be welcome, no matter how eccentric they were.

Les Péripéties d'une Équipe de Boules de Neige

Dans le paisible village de Montagne-sur-Lac, niché au cœur des montagnes enneigées des Alpes françaises, l'hiver était la saison préférée de tous les habitants. Les rues étaient bordées de maisons décorées de guirlandes lumineuses, et l'air était empli du son joyeux des cloches des traîneaux et des rires des enfants qui s'amusaient dans la neige fraîche.

Parmi ces enfants se trouvaient Léo, Anaïs, Pierre, and Camille - quatre amis inséparables qui formaient l'équipe de boules de neige la plus redoutable du village. Chaque année, dès les premiers flocons de neige, ils se réunissaient pour former leur équipe et relever tous les défis que l'hiver leur lançait.

Léo était le meneur de l'équipe, avec sa détermination sans faille et son bras puissant pour lancer les boules de neige. Anaïs était la stratège, avec son intelligence vive et son habileté à élaborer des plans astucieux pour battre leurs adversaires. Pierre était le bricoleur de l'équipe, avec son talent pour construire des fortifications solides et des armes de neige innovantes. Et enfin, Camille était la motivatrice, avec son énergie débordante et sa capacité à encourager ses amis, peu importe les circonstances.

Un jour, alors que Montagne-sur-Lac était recouvert d'un épais manteau de neige fraîche, Léo, Anaïs, Pierre et Camille décidèrent de relever un nouveau défi : participer au grand tournoi de boules de neige qui se déroulait dans le village voisin de Vallée-enneigée. C'était un tournoi légendaire, où les équipes les plus redoutables des villages alentour se disputaient le titre de champions de la neige.

Excités par cette nouvelle aventure, les quatre amis se préparèrent avec enthousiasme. Ils s'entraînèrent dur chaque jour, perfectionnant leurs techniques de lancer, renforçant leurs fortifications et affinant leurs stratégies pour affronter leurs futurs adversaires. Ils étaient déterminés à remporter la victoire et à ramener le titre de champions à Montagne-sur-Lac.

Le jour du tournoi arriva enfin, et Léo, Anaïs, Pierre et Camille se rendirent à Vallée-enneigée avec détermination. Ils furent accueillis par une foule animée et excitée, venue de tous les villages environnants pour assister à l'événement tant attendu.

Le tournoi commença avec un grand défilé des équipes, chacune arborant fièrement les couleurs et les emblèmes de leur village. Léo, Anaïs, Pierre et Camille marchaient côte à côte, le cœur battant d'excitation, prêts à affronter les meilleurs joueurs de boules de neige de la région.

Le premier match fut contre l'équipe redoutable de Vallée-enneigée, les champions en titre du tournoi. Léo, Anaïs, Pierre et Camille se préparèrent avec sérieux, prêts à affronter leurs redoutables adversaires. Le match fut épique, avec des boules de neige volant dans tous les sens, des fortifications s'effondrant sous la pression et des cris de joie et d'encouragement venant de la foule.

Malgré les obstacles et les défis, Léo, Anaïs, Pierre et Camille firent preuve d'une détermination inébranlable et d'un esprit d'équipe indomptable. Grâce à leur habileté, leur ingéniosité et leur cohésion, ils remportèrent la victoire contre toute attente, battant l'équipe de Vallée-enneigée et se qualifiant pour les tours suivants du tournoi.

Au fil des matchs, Léo, Anaïs, Pierre et Camille firent preuve d'un courage et d'une résilience extraordinaires, surmontant chaque défi avec détermination et esprit d'équipe. Ils affrontèrent des équipes redoutables, des tempêtes de neige imprévisibles et même des surprises inattendues, comme un concours de sculptures sur glace impromptu et une bataille de boules de neige géantes.

Finalement, après des heures de compétition intense, Léo, Anaïs, Pierre et Camille se retrouvèrent en finale du tournoi, prêts à affronter l'équipe la plus redoutable de toutes : les champions en titre de

Montagne-neigeuse. C'était un match épique, avec des boules de neige volant à toute vitesse, des stratégies astucieuses et des revirements de situation dramatiques.

Mais malgré tous les obstacles et les défis, Léo, Anaïs, Pierre et Camille restèrent unis et déterminés à remporter la victoire. Ils firent preuve d'une habileté et d'une stratégie remarquables, lançant des boules de neige avec une précision chirurgicale, construisant des fortifications infranchissables et faisant preuve d'une cohésion d'équipe exemplaire.

Et lorsque le dernier coup de sifflet retentit et que la foule retint son souffle, ce fut Léo, avec un lancer parfait, qui lança la boule de neige gagnante, scellant la victoire de leur équipe et ramenant le titre de champions à Montagne-sur-Lac.

Dans les jours qui suivirent, Léo, Anaïs, Pierre et Camille furent accueillis en héros à Montagne-sur-Lac, célébrés par leurs amis, leur famille et leurs concitoyens pour leur courage, leur détermination et leur esprit d'équipe. Ils avaient prouvé que même les plus grands défis pouvaient être surmontés avec détermination, amitié et un peu de neige.

The Adventures of a Snowball Team

In the peaceful village of Mountain-on-Lake, nestled in the heart of the snowy Alps of France, winter was everyone's favorite season. The streets were lined with houses adorned with twinkling lights, and the air was filled with the joyful sound of sleigh bells and children's laughter as they played in the fresh snow.

Among these children were Leo, Anaïs, Pierre, and Camille - four inseparable friends who formed the most formidable snowball team in the village. Every year, as soon as the first snowflakes fell, they would gather to form their team and take on all the challenges that winter threw their way.

Leo was the leader of the team, with his unwavering determination and powerful arm for throwing snowballs. Anaïs was the strategist, with her quick wit and ability to devise clever plans to beat their opponents. Pierre was the team's builder, with his talent for constructing sturdy fortifications and innovative snow weapons. And finally, Camille was the motivator, with her boundless energy and ability to encourage her friends no matter what.

One day, as Mountain-on-Lake was covered in a thick blanket of fresh snow, Leo, Anaïs, Pierre, and Camille decided to take on a new challenge: to participate in the grand snowball tournament held in the neighboring village of Snowy Valley. It was a legendary tournament, where the most formidable teams from surrounding villages competed for the title of snow champions.

Excited by this new adventure, the four friends prepared eagerly. They trained hard every day, perfecting their throwing techniques, strengthening their fortifications, and refining their strategies to face their future opponents. They were determined to win victory and bring the title back to Mountain-on-Lake.

The day of the tournament finally arrived, and Leo, Anaïs, Pierre, and Camille traveled to Snowy Valley with determination. They were greeted by a lively and excited crowd, who had come from all the surrounding villages to attend the long-awaited event.

The tournament began with a grand parade of the teams, each proudly displaying the colors and emblems of their village. Leo, Anaïs, Pierre, and Camille walked side by side, their hearts pounding with excitement, ready to take on the best snowball players in the region.

The first match was against the formidable team of Snowy Valley, the reigning champions of the tournament. Leo, Anaïs, Pierre, and Camille prepared themselves seriously, ready to face their formidable opponents. The match was epic, with snowballs flying in all directions, fortifications crumbling under pressure, and cries of joy and encouragement coming from the crowd.

Despite the obstacles and challenges, Leo, Anaïs, Pierre, and Camille showed unwavering determination and indomitable teamwork. Thanks to their skill, ingenuity, and cohesion, they won victory against all odds, beating the Snowy Valley team and qualifying for the next rounds of the tournament.

Throughout the matches, Leo, Anaïs, Pierre, and Camille showed extraordinary courage and resilience, overcoming each challenge with determination and teamwork. They faced formidable teams, unpredictable snowstorms, and even unexpected surprises, such as an impromptu ice sculpture contest and a giant snowball battle.

Finally, after hours of intense competition, Leo, Anaïs, Pierre, and Camille found themselves in the final of the tournament, ready to face the most formidable team of all: the reigning champions of Snowy Mountain. It was an epic match, with snowballs flying at full speed, clever strategies, and dramatic twists and turns.

But despite all the obstacles and challenges, Leo, Anaïs, Pierre, and Camille remained united and determined to win victory. They showed remarkable skill and strategy, throwing snowballs with surgical precision, building impenetrable fortifications, and demonstrating exemplary team cohesion.

And when the final whistle blew and the crowd held its breath, it was Leo, with a perfect throw, who threw the winning snowball, sealing their team's victory and bringing the title of champions back to Mountain-on-Lake.

In the days that followed, Leo, Anaïs, Pierre, and Camille were welcomed as heroes in Mountain-on-Lake, celebrated by their friends, family, and fellow citizens for their courage, determination, and teamwork. They had proved that even the greatest challenges could be overcome with determination, friendship, and a little snow.

La Quête de la Recette Parfaite du Pain Français

Dans le petit village de Saint-Pierre, niché au cœur des vastes champs de blé de la campagne française, vivait une jeune femme nommée Sophie. Sophie était passionnée par la cuisine depuis son plus jeune âge, et son plus grand rêve était de devenir une boulangère renommée, capable de préparer le pain français le plus délicieux et le plus parfaitement croustillant.

Chaque matin, Sophie se rendait à la boulangerie du village pour acheter du pain frais pour sa famille. Elle aimait sentir l'odeur alléchante du pain fraîchement cuit et entendre le bruit croustillant de la croûte lorsqu'elle le coupait en tranches. Mais malgré son amour pour le pain français, Sophie ne pouvait s'empêcher de se demander : quelle était la recette secrète qui rendait ce pain si délicieux ?

Déterminée à percer ce mystère, Sophie décida de se lancer dans une quête épique pour trouver la recette parfaite du pain français. Elle commença par interroger les boulangers du village, leur demandant des conseils et des astuces pour réussir le pain parfait. Mais malgré leurs connaissances et leur expérience, aucun d'eux ne semblait détenir le secret ultime.

Sophie ne se laissa pas décourager. Elle se mit à lire des livres de cuisine, à regarder des tutoriels en ligne et même à expérimenter différentes recettes chez elle dans sa propre cuisine. Elle passait des heures à pétrir la pâte, à surveiller la cuisson et à ajuster les ingrédients, toujours dans l'espoir de trouver la combinaison parfaite qui rendrait son pain aussi délicieux que celui de la boulangerie du village.

Pendant sa quête, Sophie fit la rencontre de personnages fascinants qui l'aidèrent dans sa recherche de la recette parfaite. Elle rencontra un vieux fermier du nom de Jacques, qui lui apprit l'importance de la qualité des ingrédients et de la farine fraîche pour obtenir un pain savoureux. Elle rencontra également une vieille dame mystérieuse nommée Madame Durand, qui lui raconta des histoires anciennes sur les secrets de la fabrication du pain.

Mais malgré tous ses efforts, Sophie ne parvenait pas à reproduire le pain français parfait. Elle essaya différentes températures de cuisson, différentes durées de fermentation et même différentes variétés de levure, mais rien ne semblait fonctionner. Elle commença à perdre espoir et à se demander si elle trouverait jamais la recette secrète tant recherchée.

Cependant, un jour, alors qu'elle était sur le point d'abandonner, Sophie reçut une lettre mystérieuse. La lettre était adressée à "La Chercheuse de la Recette Parfaite" et contenait une invitation à se rendre dans un petit village isolé niché au sommet des montagnes, où, disait-on, se trouvait un boulanger légendaire qui détenait la recette secrète du pain français parfait.

Intriguée par cette nouvelle piste, Sophie décida de se rendre dans le village montagnard pour rencontrer le boulanger légendaire. Elle parcourut des sentiers sinueux et traversa des vallées enneigées, toujours suivant les indications de la lettre mystérieuse.

Enfin, après des heures de marche, Sophie arriva au petit village montagnard, où elle fut accueillie par un homme chaleureux du nom de Pierre, qui lui indiqua la maison du boulanger légendaire. Sophie frappa à la porte avec hésitation, ne sachant pas à quoi s'attendre.

La porte s'ouvrit lentement pour révéler un homme âgé, vêtu d'un tablier de boulanger et portant un sourire chaleureux. Il se présenta comme Monsieur Dubois, le boulanger légendaire dont elle avait entendu parler. Il invita Sophie à entrer et lui offrit une tasse de thé chaud, avant de lui raconter l'histoire fascinante de sa vie et de son amour pour l'art de la boulangerie.

Monsieur Dubois expliqua à Sophie qu'il avait passé toute sa vie à perfectionner sa recette de pain français, en expérimentant avec différents ingrédients, techniques et méthodes de cuisson. Il lui raconta comment il avait voyagé à travers le pays à la recherche des meilleurs grains de blé, des levures les plus pures et des secrets les mieux gardés de la boulangerie.

Impressionnée par l'histoire de Monsieur Dubois, Sophie lui demanda s'il était prêt à partager sa recette secrète du pain français parfait. Monsieur Dubois sourit et lui dit qu'il était prêt à lui enseigner tout ce qu'il savait, mais qu'il y avait une condition : elle devait promettre de transmettre son savoir à d'autres boulangers en herbe, afin que l'art de la boulangerie puisse continuer à prospérer et à se développer.

Sophie accepta avec gratitude la proposition de Monsieur Dubois et passa plusieurs jours à apprendre les secrets de la fabrication du pain français. Elle apprit à pétrir la pâte avec amour et patience, à surveiller la fermentation avec précision et à cuire le pain avec soin et attention. Elle apprit également l'importance de l'artisanat et du respect pour les traditions anciennes de la boulangerie.

À la fin de son séjour, Sophie se sentait confiante dans ses compétences en boulangerie et reconnaissante envers Monsieur Dubois pour avoir partagé son savoir avec elle. Elle quitta le petit village montagnard avec un cœur léger et une détermination renouvelée à poursuivre sa passion pour la boulangerie.

De retour chez elle à Saint-Pierre, Sophie se mit au travail pour mettre en pratique tout ce qu'elle avait appris de Monsieur Dubois. Elle pétrit la pâte avec habileté, surveilla la fermentation avec attention et surveilla la cuisson avec diligence. Et finalement, après de nombreux essais et erreurs, elle réussit à préparer le pain français parfait - croustillant à l'extérieur, moelleux à l'intérieur et délicieusement parfumé.

Sophie partagea sa recette avec les habitants de Saint-Pierre, qui furent enchantés par le délicieux pain qu'elle avait préparé. Et à partir de ce jour-là, Sophie devint célèbre dans tout le village comme la boulangère qui avait trouvé la recette secrète du pain français parfait.

Mais pour Sophie, la vraie récompense était de voir le sourire sur le visage de ceux qui dégustaient son pain et de savoir qu'elle avait contribué à perpétuer l'art ancien de la boulangerie pour les générations à venir. Et chaque fois qu'elle prenait une bouchée de son délicieux pain français, elle se souvenait avec gratitude de Monsieur Dubois et de son enseignement précieux qui lui avait permis de réaliser son rêve.

The Quest for the Perfect French Bread Recipe

In the small village of Saint-Pierre, nestled in the heart of the vast wheat fields of the French countryside, lived a young woman named Sophie. Sophie had been passionate about cooking since she was young, and her greatest dream was to become a renowned baker, capable of making the most delicious and perfectly crispy French bread.

Every morning, Sophie would go to the village bakery to buy fresh bread for her family. She loved the enticing smell of freshly baked bread and the crispy sound of the crust when she cut it into slices. But despite her love for French bread, Sophie couldn't help but wonder: what was the secret recipe that made this bread so delicious?

Determined to solve this mystery, Sophie decided to embark on an epic quest to find the perfect French bread recipe. She began by questioning the bakers in the village, asking them for advice and tips on how to make the perfect bread. But despite their knowledge and experience, none of them seemed to hold the ultimate secret.

Undeterred, Sophie turned to reading cookbooks, watching online tutorials, and even experimenting with different recipes in her own kitchen. She spent hours kneading the dough, monitoring the baking, and adjusting the ingredients, always hoping to find the perfect combination that would make her bread as delicious as that from the village bakery.

During her quest, Sophie met fascinating characters who helped her in her search for the perfect recipe. She met an old farmer named Jacques, who taught her about the importance of quality ingredients and fresh flour to make tasty bread. She also met a mysterious old lady named Madame Durand, who told her ancient stories about the secrets of bread making.

But despite all her efforts, Sophie couldn't replicate the perfect French bread. She tried different baking temperatures, fermentation times, and even different types of yeast, but nothing seemed to work. She began to lose hope and wondered if she would ever find the sought-after secret recipe.

However, one day, just as she was about to give up, Sophie received a mysterious letter. The letter was addressed to "The Seeker of the Perfect Recipe" and contained an invitation to visit a small isolated village nestled at the top of the mountains, where, it was said, there was a legendary baker who held the secret recipe for perfect French bread.

Intrigued by this new lead, Sophie decided to visit the mountain village to meet the legendary baker. She traveled along winding paths and through snowy valleys, always following the directions from the mysterious letter.

Finally, after hours of walking, Sophie arrived at the small mountain village, where she was greeted by a warm-hearted man named Pierre, who pointed her to the house of the legendary baker. Sophie knocked on the door hesitantly, not knowing what to expect.

The door opened slowly to reveal an elderly man, wearing a baker's apron and sporting a warm smile. He introduced himself as Monsieur Dubois, the legendary baker she had heard about. He invited Sophie in and offered her a cup of hot tea, before telling her the fascinating story of his life and his love for the art of baking.

Monsieur Dubois explained to Sophie that he had spent his entire life perfecting his recipe for French bread, experimenting with different ingredients, techniques, and baking methods. He told her how he had traveled across the country in search of the best wheat grains, purest yeasts, and best-kept bakery secrets.

Impressed by Monsieur Dubois's story, Sophie asked him if he was willing to share his secret recipe for perfect French bread. Monsieur Dubois smiled and told her that he was ready to teach her everything he knew, but that there was one condition: she had to promise to pass on her knowledge to other aspiring bakers, so that the art of baking could continue to thrive and grow.

Sophie gratefully accepted Monsieur Dubois's offer and spent several days learning the secrets of French bread making. She learned how to knead the dough with love and patience, to monitor the fermentation with precision, and to bake the bread with care and attention. She also learned the importance of craftsmanship and respect for the ancient traditions of baking.

At the end of her stay, Sophie felt confident in her baking skills and grateful to Monsieur Dubois for sharing his knowledge with her. She left the small mountain village with a light heart and a renewed determination to pursue her passion for baking.

Back home in Saint-Pierre, Sophie set to work putting into practice everything she had learned from Monsieur Dubois. She kneaded the dough skillfully, monitored the fermentation carefully, and watched the baking diligently. And finally, after many trials and errors, she succeeded in making the perfect French bread - crispy on the outside, soft on the inside, and deliciously fragrant.

Sophie shared her recipe with the people of Saint-Pierre, who were delighted by the delicious bread she had made. And from that day on, Sophie became famous throughout the village as the baker who had found the secret recipe for perfect French bread.

But for Sophie, the real reward was seeing the smiles on the faces of those who tasted her bread and knowing that she had helped perpetuate the ancient art of baking for generations to come. And every time she took a bite of her delicious French bread, she remembered with gratitude Monsieur Dubois and his valuable teaching that had allowed her to realize her dream.

Le Mystère de la Disparition des Chaussettes

Dans la petite ville tranquille de Saint-Étienne, située au cœur de la campagne française, vivait une jeune femme nommée Marie. Marie était une personne ordinaire avec une vie tranquille et bien réglée, mais il y avait un mystère qui la tourmentait depuis des années : la disparition mystérieuse de ses chaussettes.

Chaque fois qu'elle lavait son linge, Marie découvrait qu'une paire de chaussettes avait mystérieusement disparu. Elle cherchait partout dans la maison, sous les lits, dans les tiroirs, même derrière les meubles, mais les chaussettes semblaient s'être évaporées dans l'air. Marie était convaincue qu'il y avait quelque chose d'étrange qui se passait, mais elle ne savait pas par où commencer pour résoudre ce mystère.

Un jour, alors qu'elle se rendait à la bibliothèque de la ville pour emprunter quelques livres, Marie tomba sur une affiche qui attira son attention. C'était une annonce pour une réunion du Club des Enquêteurs Amateurs, un groupe de personnes passionnées par la résolution de mystères et d'énigmes. Intriguée, Marie décida de rejoindre le club dans l'espoir de trouver de l'aide pour résoudre le mystère de la disparition de ses chaussettes.

Lors de sa première réunion, Marie fit la connaissance de plusieurs membres du club, tous aussi passionnés et déterminés qu'elle à résoudre des mystères. Il y avait Pierre, un retraité à l'esprit vif et à la mémoire infaillible, Lucie, une jeune étudiante en sciences qui adorait les énigmes complexes, et Antoine, un passionné de technologie qui pouvait pirater n'importe quel système informatique.

Marie expliqua au club le mystère de la disparition de ses chaussettes, et les membres se mirent immédiatement au travail pour résoudre le problème. Ils passèrent des heures à examiner les preuves, à interroger les témoins et à élaborer des théories sur ce qui avait pu arriver aux chaussettes disparues.

Pendant leur enquête, le Club des Enquêteurs Amateurs découvrit plusieurs pistes intrigantes. Ils apprirent qu'un voisin avait vu un chat étrange rôder près de la maison de Marie la nuit précédant la disparition des chaussettes. Ils entendirent également des rumeurs selon lesquelles un voleur de chaussettes sévissait dans la ville, volant des chaussettes de toutes les couleurs et de toutes les tailles.

Déterminés à résoudre le mystère une fois pour toutes, Marie et les membres du club se lancèrent dans une série d'aventures passionnantes à la recherche de la vérité. Ils interrogèrent des suspects, suivirent des pistes et recueillirent des indices, toujours unis dans leur quête de justice pour les chaussettes disparues.

Au fil de leur enquête, Marie et le Club des Enquêteurs Amateurs se retrouvèrent plongés dans un réseau complexe de secrets et de mystères. Ils découvrirent des indices étranges, comme des empreintes de pas mystérieuses et des notes codées cachées dans des chaussettes abandonnées. Ils rencontrèrent également une série de personnages hauts en couleur, comme un mystérieux collectionneur de chaussettes et un inventeur excentrique obsédé par les machines à laver.

Finalement, après des semaines d'enquête acharnée, Marie et le Club des Enquêteurs Amateurs découvrirent la vérité sur la disparition des chaussettes. Ils apprirent que le coupable était en fait le chat errant aperçu près de la maison de Marie. Le chat, nommé Gaston, avait un penchant pour les objets brillants et avait volé les chaussettes de Marie pour les cacher dans son repaire secret.

Avec l'aide du Club des Enquêteurs Amateurs, Marie confronta Gaston et réussit à récupérer toutes ses chaussettes disparues. Elle était soulagée d'avoir enfin résolu le mystère qui la tourmentait depuis si longtemps.

En guise de remerciement pour leur aide, Marie invita les membres du club à une fête chez elle, où ils célébrèrent leur victoire avec de délicieux gâteaux et des rires joyeux. Marie savait qu'elle pouvait toujours compter sur le Club des Enquêteurs Amateurs pour l'aider à résoudre les mystères les plus étranges et les plus complexes.

Et tandis que la nuit tombait sur la ville tranquille de Saint-Étienne, Marie se sentait reconnaissante d'avoir des amis aussi dévoués et déterminés à ses côtés, prêts à affronter n'importe quel mystère, grand ou petit. Car tant qu'ils étaient ensemble, aucun mystère n'était trop difficile à résoudre.

The Mystery of the Missing Socks

In the quiet town of Saint-Étienne, nestled in the heart of the French countryside, lived a young woman named Marie. Marie was an ordinary person with a quiet and well-regulated life, but there was a mystery that had been bothering her for years: the mysterious disappearance of her socks.

Every time she did her laundry, Marie would discover that a pair of socks had mysteriously vanished. She searched everywhere in the house, under the beds, in the drawers, even behind the furniture, but the socks seemed to have evaporated into thin air. Marie was convinced that there was something strange going on, but she didn't know where to begin to solve this mystery.

One day, as she was heading to the town library to borrow some books, Marie stumbled upon a poster that caught her attention. It was an advertisement for a meeting of the Amateur Investigators Club, a group of people passionate about solving mysteries and puzzles. Intrigued, Marie decided to join the club in the hope of finding help to solve the mystery of her missing socks.

At her first meeting, Marie met several members of the club, all as passionate and determined as she was to solve mysteries. There was Pierre, a retired man with a sharp mind and an impeccable memory, Lucie, a young science student who loved complex puzzles, and Antoine, a technology enthusiast who could hack into any computer system.

Marie explained to the club the mystery of the disappearance of her socks, and the members immediately set to work to solve the problem. They spent hours examining evidence, questioning witnesses, and devising theories about what could have happened to the missing socks. During their investigation, the Amateur Investigators Club discovered several intriguing leads. They learned that a neighbor had seen a strange cat lurking near Marie's house on the night before the socks disappeared. They also heard rumors that a sock thief was at large in the town, stealing socks of all colors and sizes.

Determined to solve the mystery once and for all, Marie and the club members embarked on a series of exciting adventures in search of the truth. They interrogated suspects, followed leads, and collected clues, always united in their quest for justice for the missing socks.

As their investigation progressed, Marie and the Amateur Investigators Club found themselves plunged into a complex network of secrets and mysteries. They discovered strange clues, like mysterious footprints and coded notes hidden in abandoned socks. They also met a series of colorful characters, such as a mysterious sock collector and an eccentric inventor obsessed with washing machines.

Finally, after weeks of relentless investigation, Marie and the Amateur Investigators Club uncovered the truth about the disappearance of the socks. They learned that the culprit was actually the stray cat seen near Marie's house. The cat, named Gaston, had a penchant for shiny objects and had stolen Marie's socks to hide them in his secret lair.

With the help of the Amateur Investigators Club, Marie confronted Gaston and managed to retrieve all her missing socks. She was relieved to have finally solved the mystery that had been bothering her for so long.

As a thank you for their help, Marie invited the club members to a party at her house, where they celebrated their victory with delicious cakes and joyful laughter. Marie knew that she could always count on the Amateur Investigators Club to help her solve the strangest and most complex mysteries.

And as night fell on the quiet town of Saint-Étienne, Marie felt grateful to have such dedicated and determined friends by her side, ready to face any mystery, big or small. For as long as they were together, no mystery was too difficult to solve.

Le Salon de Coiffure des Rêves

Dans la ville animée de Bellebourg, il y avait un salon de coiffure pas comme les autres. Niché au coin d'une petite rue pavée, entre une boulangerie et une librairie, se trouvait "Le Salon de Coiffure des Rêves". Dirigé par la talentueuse coiffeuse, Madame Claudette, cet établissement était bien plus qu'un simple salon de coiffure ; c'était un lieu où les rêves prenaient vie à travers les coupes de cheveux et les transformations radicales.

Madame Claudette avait toujours eu un don spécial pour la coiffure. Depuis son plus jeune âge, elle avait passé des heures à expérimenter avec les cheveux de sa poupée, rêvant un jour d'ouvrir son propre salon où elle pourrait réaliser les rêves capillaires de ses clients. Et quand elle avait enfin ouvert les portes du Salon de Coiffure des Rêves, elle avait fait de son mieux pour en faire un endroit magique où chacun pouvait se sentir spécial et unique.

Le salon lui-même était un joyau caché, décoré de façon élégante avec des miroirs étincelants, des fauteuils confortables et une ambiance chaleureuse et accueillante. Mais ce qui rendait vraiment le Salon de Coiffure des Rêves spécial, c'étaient les compétences exceptionnelles de Madame Claudette et son don pour écouter les souhaits les plus profonds de ses clients.

Chaque jour, des clients de tous âges et de tous horizons venaient au Salon de Coiffure des Rêves pour confier leurs cheveux à Madame Claudette. Certains voulaient une coupe audacieuse et excentrique, tandis que d'autres rêvaient d'une transformation complète avec des couleurs vives et des mèches fantaisistes. Quels que soient leurs désirs capillaires, Madame Claudette était toujours prête à les réaliser avec créativité et expertise.

Un jour, une jeune femme nommée Amélie entra timidement dans le Salon de Coiffure des Rêves. Elle avait les cheveux longs et bruns, mais elle rêvait depuis longtemps d'une transformation audacieuse et radicale. Elle avait décidé qu'il était temps de dire au revoir à sa chevelure terne et monotone et de se lancer dans une nouvelle aventure capillaire.

"Bonjour, Madame Claudette", dit Amélie en souriant timidement. "Je suis prête pour quelque chose de complètement différent aujourd'hui."

Madame Claudette lui rendit son sourire chaleureux et l'invita à s'asseoir dans le fauteuil de coiffure. Elle prit le temps d'écouter attentivement les désirs d'Amélie et de discuter des différentes options de coiffure qui s'offraient à elle. Ensemble, elles élaborèrent un plan audacieux pour une transformation spectaculaire.

Pendant plusieurs heures, Amélie se laissa choyer par les mains expertes de Madame Claudette. Elle se détendit tandis que les ciseaux glissaient à travers ses mèches, transformant sa chevelure terne en une œuvre d'art vivante. Et quand enfin elle se leva du fauteuil de coiffure et se regarda dans le miroir, elle fut stupéfaite par ce qu'elle vit.

Ses cheveux bruns étaient maintenant un éclatant arc-en-ciel de couleurs vives et éclatantes. Des teintes de rouge, de bleu, de vert et de violet se mélangeaient harmonieusement pour créer une véritable œuvre d'art capillaire. Amélie se sentait comme une nouvelle personne, pleine de confiance et de joie, prête à affronter le monde avec sa nouvelle coiffure audacieuse.

"Merci, Madame Claudette", dit-elle avec émotion. "Vous avez réalisé mon rêve capillaire le plus fou, et je ne pourrais jamais vous en être assez reconnaissante."

Madame Claudette sourit avec satisfaction, sachant qu'elle avait une fois de plus rendu une cliente heureuse et épanouie. Elle savait que chaque transformation capillaire était bien plus qu'un simple changement d'apparence extérieure ; c'était une occasion de redécouvrir sa propre beauté et sa propre confiance intérieure.

Au fil des jours et des semaines qui suivirent, le Salon de Coiffure des Rêves accueillit de nombreux autres clients désireux de réaliser leurs rêves capillaires les plus fous. Il y avait des jeunes mariées cherchant la coiffure parfaite pour leur grand jour, des étudiants désireux d'expérimenter des looks audacieux et des mamans occupées cherchant un peu de temps pour elles-mêmes.

Et chaque fois, Madame Claudette était là pour les accueillir avec son sourire chaleureux et son talent exceptionnel pour la coiffure. Car au Salon de Coiffure des Rêves, chaque client était spécial, et chaque coiffure était une œuvre d'art unique, créée avec amour et dévouement pour faire briller la beauté intérieure de chacun.

The Dream Hair Salon

In the bustling town of Bellebourg, there was a hair salon like no other. Nestled on the corner of a small cobbled street, between a bakery and a bookstore, was "The Dream Hair Salon." Led by the talented hairdresser, Madame Claudette, this establishment was more than just a hair salon; it was a place where dreams came to life through haircuts and radical transformations.

Madame Claudette had always had a special gift for hairstyling. From a young age, she spent hours experimenting with her doll's hair, dreaming of one day opening her own salon where she could make her clients' hair dreams come true. And when she finally opened the doors of The Dream Hair Salon, she did her best to make it a magical place where everyone could feel special and unique.

The salon itself was a hidden gem, elegantly decorated with sparkling mirrors, comfortable chairs, and a warm and welcoming atmosphere. But what truly made The Dream Hair Salon special were Madame Claudette's exceptional skills and her gift for listening to her clients' deepest wishes.

Every day, clients of all ages and backgrounds would come to The Dream Hair Salon to entrust their hair to Madame Claudette. Some wanted a bold and eccentric cut, while others dreamed of a complete transformation with bright colors and fancy highlights. Whatever their hair desires, Madame Claudette was always ready to fulfill them with creativity and expertise.

One day, a young woman named Amelie timidly entered The Dream Hair Salon. She had long, brown hair, but she had been dreaming of a bold and radical transformation for a long time. She had decided it was time to say goodbye to her dull and monotonous hair and embark on a new hair adventure.

"Bonjour, Madame Claudette," Amelie said, smiling shyly. "I'm ready for something completely different today."

Madame Claudette returned her warm smile and invited her to sit in the hairstyling chair. She took the time to carefully listen to Amelie's wishes and discuss the different hairstyling options available to her. Together, they devised a bold plan for a spectacular transformation.

For several hours, Amelie was pampered by Madame Claudette's expert hands. She relaxed as the scissors glided through her locks, transforming her dull hair into a living work of art. And when she finally stood up from the hairstyling chair and looked at herself in the mirror, she was stunned by what she saw.

Her brown hair was now a radiant rainbow of bright and vibrant colors. Shades of red, blue, green, and purple blended harmoniously to create a true hair masterpiece. Amelie felt like a new person, full of confidence and joy, ready to take on the world with her bold new hairstyle.

"Thank you, Madame Claudette," she said emotionally. "You've made my wildest hair dream come true, and I could never thank you enough."

Madame Claudette smiled with satisfaction, knowing that she had once again made a client happy and fulfilled. She knew that each hair transformation was much more than just a change in outward appearance; it was an opportunity to rediscover one's own beauty and inner confidence.

In the days and weeks that followed, The Dream Hair Salon welcomed many other clients eager to realize their wildest hair dreams. There were brides-to-be seeking the perfect hairstyle for their big day, students eager to experiment with bold looks, and busy moms looking for a little time for themselves.

And each time, Madame Claudette was there to welcome them with her warm smile and exceptional hairstyling talent. For at The Dream Hair Salon, every client was special, and every hairstyle was a unique work of art, created with love and dedication to bring out the inner beauty of each person.

Les Voyages Extraordinaires de Monsieur Lambert et Son Vélo Antique

Dans la petite ville de Saint-Pierre, où les rues étaient bordées d'arbres ombragés et où les maisons en pierre témoignaient du passé glorieux de la région, vivait un homme du nom de Monsieur Lambert. Monsieur Lambert était un homme tranquille et modeste, mais il avait une passion secrète qui animait son cœur : son vieux vélo antique.

Ce vélo, un fidèle compagnon depuis de nombreuses années, avait été le témoin silencieux des moments les plus mémorables de la vie de Monsieur Lambert. Il avait été son moyen de transport pour se rendre au travail, son compagnon de route lors des balades à la campagne et son refuge tranquille lorsqu'il avait besoin de s'évader du tumulte de la vie quotidienne.

Mais ce que peu de gens savaient, c'était que le vélo de Monsieur Lambert avait un pouvoir magique : il pouvait l'emmener dans des voyages extraordinaires à travers le temps et l'espace. Chaque fois qu'il montait sur son fidèle destrier de métal, Monsieur Lambert se retrouvait transporté vers des contrées lointaines et des aventures incroyables.

Un jour, alors qu'il faisait une promenade tranquille à travers la ville sur son vélo antique, Monsieur Lambert se retrouva soudainement entouré d'une brume mystérieuse. Avant qu'il ne puisse comprendre ce qui se passait, le monde autour de lui commença à tourbillonner, et il se retrouva projeté dans une époque lointaine et inconnue.

Quand la brume se dissipa, Monsieur Lambert se trouva sur une route poussiéreuse, bordée d'arbres touffus et de paysages sauvages à perte de vue. Il regarda autour de lui, émerveillé par la beauté et la grandeur de cet endroit étrange et inconnu.

Intrigué par son nouvel environnement, Monsieur Lambert enfourcha son vélo et se mit en route pour explorer les contrées mystérieuses qui s'offraient à lui. Il pédala à travers des vallées verdoyantes, des montagnes escarpées et des rivières tumultueuses, toujours émerveillé par la diversité et la richesse du monde qui l'entourait.

Au fil de ses voyages, Monsieur Lambert rencontra une multitude de personnages fascinants et excentriques. Il y avait des sorcières mystérieuses, des chevaliers courageux et des inventeurs géniaux, chacun apportant sa propre touche de magie et de merveille à son voyage.

Mais ce qui rendait ses voyages vraiment extraordinaires, c'était les leçons qu'il apprenait en chemin. À chaque étape de son périple, Monsieur Lambert découvrait de nouvelles perspectives sur la vie, l'amour et l'aventure. Il apprenait à apprécier les petits plaisirs de la vie, à embrasser l'inconnu avec courage et à trouver la beauté dans les endroits les plus improbables.

Au fur et à mesure que ses voyages le conduisaient vers de nouveaux horizons, Monsieur Lambert réalisait que l'aventure la plus importante était celle qui se déroulait dans son propre cœur. Il découvrait qu'il y avait un monde de possibilités à explorer en lui-même, et que le véritable voyage était celui de la découverte de soi.

Et quand enfin il rentrait chez lui après chaque voyage extraordinaire, Monsieur Lambert se sentait enrichi et transformé par les expériences qu'il avait vécues. Il savait que peu importe où la vie le mènerait, il avait son fidèle vélo antique pour le guider et l'emmener vers de nouveaux horizons de découverte et d'aventure.

Ainsi, les voyages extraordinaires de Monsieur Lambert et de son vélo antique se poursuivaient, élevant son esprit vers des sommets inexplorés et lui rappelant toujours que l'aventure était là, juste au coin de la rue, attendant d'être découverte. Et Monsieur Lambert savait qu'il était prêt à embarquer pour le prochain voyage extraordinaire, armé de courage, de curiosité et de son fidèle destrier de métal.

The Extraordinary Journeys of Mr. Lambert and His Antique Bicycle

In the small town of Saint-Pierre, where the streets were lined with shady trees and the stone houses bore witness to the region's glorious past, lived a man named Mr. Lambert. Mr. Lambert was a quiet and modest man, but he had a secret passion that stirred his heart: his old antique bicycle. This bicycle, a faithful companion for many years, had been the silent witness to the most memorable moments of Mr. Lambert's life. It had been his means of transportation to work, his companion on countryside rides, and his tranquil refuge when he needed to escape the tumult of daily life.

But what few people knew was that Mr. Lambert's bicycle had a magical power: it could take him on extraordinary journeys through time and space. Every time he mounted his faithful metal steed, Mr. Lambert found himself transported to distant lands and incredible adventures.

One day, as he was taking a leisurely ride through the town on his antique bicycle, Mr. Lambert suddenly found himself surrounded by a mysterious fog. Before he could understand what was happening, the world around him began to whirl, and he found himself thrust into a distant and unknown era.

As the mist cleared, Mr. Lambert found himself on a dusty road, bordered by lush trees and wild landscapes as far as the eye could see. He looked around, amazed by the beauty and grandeur of this strange and unknown place.

Intrigued by his new surroundings, Mr. Lambert mounted his bicycle and set off to explore the mysterious lands that lay before him. He pedaled through verdant valleys, rugged mountains, and tumultuous rivers, always marveling at the diversity and richness of the world around him.

As he journeyed, Mr. Lambert encountered a multitude of fascinating and eccentric characters. There were mysterious witches, brave knights, and ingenious inventors, each bringing their own touch of magic and wonder to his journey.

But what truly made his journeys extraordinary were the lessons he learned along the way. At every step of his journey, Mr. Lambert discovered new perspectives on life, love, and adventure. He learned to appreciate the simple pleasures of life, to embrace the unknown with courage, and to find beauty in the most unlikely places.

As his journeys took him to new horizons, Mr. Lambert realized that the most important adventure was the one unfolding within his own heart. He discovered that there was a world of possibilities to explore within himself, and that the true journey was the one of self-discovery.

And when he finally returned home after each extraordinary journey, Mr. Lambert felt enriched and transformed by the experiences he had lived. He knew that no matter where life would take him, he had his faithful antique bicycle to guide him and take him to new horizons of discovery and adventure.

Thus, the extraordinary journeys of Mr. Lambert and his antique bicycle continued, lifting his spirit to unexplored heights and always reminding him that adventure was there, just around the corner, waiting to be discovered. And Mr. Lambert knew that he was ready to embark on the next extraordinary journey, armed with courage, curiosity, and his faithful metal steed.